Bibliografische Information der Deutschen Nationalbibliothek:

Die Deutsche Bibliothek verzeichnet diese Publikation in der Deutschen National-
bibliografie; detaillierte bibliografische Daten sind im Internet über http://dnb.d-
nb.de/ abrufbar.

Impressum:

Copyright © 2015 GRIN Verlag, Open Publishing GmbH
Druck und Bindung: Books on Demand GmbH, Norderstedt Germany
ISBN: 9783668007949

Dieses Buch bei GRIN:

http://www.grin.com/de/e-book/302603/der-american-dream-in-forrest-gump-eine-
begriffs-und-filmanalyse

Sven Kreienhoop

Der American Dream in "Forrest Gump". Eine Begriffs- und Filmanalyse

GRIN Verlag

Cato Bontjes van Beek-Gymnasium Achim

Der "American Dream" in Forrest Gump

Sven Kreienhoop
Abgabetermin: 27.05.2015

Inhaltsverzeichnis

1. Vorstellung des Themas und der Vorgehensweise

Der American Dream ist seit jeher ein Mythos der Vereinigten Staaten und daher Gegenstand vieler Filme und Bücher.

So behandelt auch Robert Zemecki das Thema in seinem Film „Forrest Gump" (1994), der mit sechs Oscars und drei Golden Globes ausgezeichnet wurde.

Hierbei stellt sich zunächst die Frage, ob die Figur Forrest Gump den American Dream lebt. Die Beantwortung dieser Frage ist Gegenstand dieser Arbeit.

Daher wird zunächst einmal der American Dream, soweit dies überhaupt möglich ist, definiert und seine gesellschaftliche Bedeutung beschrieben.

Diese Untersuchung des amerikanischen Traumes erfolgt, um dann analysieren zu können, inwieweit Forrests Leben den American Dream umsetzt. Die Analyse erfolgt anhand im Film auftauchender Motive, die jeweils Teilaspekte des American Dreams sind sowie anhand filmstilitischer Mittel.

Abgerundet wird die Ausarbeitung durch ein Fazit, in dem die Leitfrage beantwortet werden soll.

2. Der American Dream

Da die vorliegende Arbeit den Umgang mit dem American Dream im Film „Forrest Gump" analysiert, wird im Folgenden zunächst der American Dream definiert und seine Bedeutung in der US-amerikanischen Gesellschaft umrissen.

2.1. Definition

Weil der American Dream (deutsch: Amerikanischer Traum) eben kein greifbarer Gegenstand, sondern ein elementarer Bestandteil des US-amerikanischen Wertekanons ist, ist eine präzise Definition dieses „Traumes" schwierig, da es sich um „[…] eine Art Ideal [handelt], welches als Projektionsfläche verschiedenartiger Vorstellungen und Hoffnungen dient" (WERNER 2011, S. 129).

Besagte Vorstellungen und Hoffnungen sind der Fortschrittsglaube, eine Vision einer „schrankenlosen" Gesellschaft mit hoher sozialer Mobilität, eine göttliche Auserwähltheit des amerikanischen Volkes, sowie die Westwärtsbewegung und der Glaube an Freiheit und Gerechtigkeit, der seinerseits in der Unabhängigkeitserklärung verwurzelt ist (vgl. WERNER 2011, S. 130).

Ein weiteres Kennzeichen des Ideals vom American Dream ist der Glaube, dass jeder durch harte Arbeit sozial aufsteigen kann und nicht durch seine Herkunft bereits höhergestellt ist. Jener Glaube an (sozialen) Aufstieg schlägt sich auch in der erstmaligen schriftlichen Erwähnung des amerikanischen Traumes durch den US-amerikanischen Historiker James Truslow Adams (1878-1949) nieder:

„But there has been also the American Dream, that dream of a land in which life should be better and richer for every man, with opportunity for each according to his ability or achievement [...] a dream of social order in which each man and each woman shall be able to attain to the fullest stature [...]" (http://en.wikipedia.org/wiki/American_Dream, 23.04.2015; mit einem Zitat aus ADAMS 1931)

Neben dem rein materiellen Aspekt des American Dream (Wohlstand, sozialer Aufstieg) besitzt der „Traum" darüber hinaus eine spirituelle Dimension, die sich – aus dem Glauben an Fortschritt, göttliche Auserwähltheit und Wohlstand zu erklären – in einem schwer zu erschütternden kollektiven Grundoptimismus äußert („At its core, the American Dream represents a state of mind – that is, an enduring optimism given to a people who might be tempted to succumb to the trails of adversity, but who, instead [...] continue to build a great nation", HANSON & WHITE 2011, S. 3).

Zusammengefasst ist der American Dream ein rational nicht vollständig zu erklärender Glaube an durch Freiheit und Gleichheit sowie vor allem durch harte Arbeit zu erreichenden Wohlstand. Daher hat der amerikanische Traum sowohl eine materielle als auch eine ideelle Dimension und kann als Spiritualisierung von Wohlstand definiert werden (vgl. KIMMAGE in HANSON & WHITE 2011, S. 27)

2.2. Gesellschaftliche Bedeutung

Der American Dream ist in der US-Gesellschaft von Bedeutung. Da der amerikanische Traum Freiheits- und vor allem Gleichheitsrechte mit sozialem Aufstieg und Wohlstand verbindet und somit alle Menschen unabhängig von ihrer ethnischen und sozialen Herkunft anspricht, hat er eine einigende Wirkung auf die ethnisch diverse US-Gesellschaft (vgl. WERNER 2011, S. 131). Dies führt dazu, dass die US-Gesellschaft eine gemeinsame ideologische Grundausrichtung hat (vgl. ebd.). „The American Dream is the glue that keeps the country together (WHITE & HANSON 2011, S. 5, Zitat von ADAMS 1941)

Die Bedeutung des American Dream als „einigendes Prinzip" (WERNER 2011, S. 131) wird besonders darin deutlich, dass gerade in Phasen wirtschaftlicher Depression der American Dream überdurchschnittlich häufig beschworen wird (WHITE & HANSON 2011, S. 5) und demzufolge in seinem Wesensgehalt unangetastet bleibt, weil der amerikanische Traum (siehe 2.1) einen starken Optimismus erzeugt.

Wurde sich hier vor allem auf die ideelle Dimension des American Dream fokussiert, so wird der folgende Abschnitt die materielle Bedeutung des American Dream, namentlich den sogenannten Erfolgsmythos, behandeln.

Der Erfolgsmythos ist im Aspekt der (Chancen)gleichheit des American Dream verwurzelt und hat sein Wesen in der success ethic, einer Lebenseinstellung, die auf das Streben nach Erfolg ausgerichtet ist (vgl. WERNER 2011, S. 134). Die Ursache für die success ethic liegt in dem Verständnis des American Dream, dass jedes Individuum gleich an Freiheiten und Chancen ist und selbst seine eigenen Fähigkeiten bei der Erlangung von Wohlstand einzusetzen hat. Es kommt also zu einer Hervorhebung des unabhängigen Individuums, wodurch zwangsläufig ein Konkurrenzdenken entsteht, welches in der umstrittenen (vgl. WERNER 2011, S. 134) success ethic gipfelt.

Eine weitere mögliche Ursache für die success ethic ist ein anderes Hauptelement des American Dream: Weil der American Dream derartig tief in der US-Gesellschaft verwurzelt ist, hat er sich auch politisch niedergeschlagen. Dies resultiert in einer liberalen Wirtschaftsgesetzgebung und einem geringen Sozialstaatsbewusstsein. Somit wird der Unternehmergeist einzelner gefördert (vgl. GLATZ & HENKE 2007, S. 14) und die Gesellschaft motiviert, durch (harte) Arbeit sozial aufzusteigen.

Der American Dream ist also sowohl ein einender Faktor als auch der Ausgangspunkt für den Erfolgsmythos, der sich zu einer umstrittenen success ethic gesteigert hat. Trotzdem ist der Begriff „American Dream" in der US-Gesellschaft weiterhin positiv konnotiert, obwohl in den letzten Jahren seine Umsetzbarkeit bezweifelt wurde (vgl. https://today.yougov.com/news/2013/08/07/american-dream-slipping-away-hard-work-still-count/, 01.05.2015).

2.3. American Dream in den 1960ern und 1970ern

Da der Film Forrest Gump hauptsächlich in den 1960ern und 1970ern spielt, erscheint es sinnvoll, die Rolle des amerikanischen Traumes in diesen Jahren zu skizzieren.

In den 1960er Jahren griff vor allem der Aspekt des Grundoptimismus im American Dream. Trotz wirtschaftlicher Stagnation und eines außenpolitischen Prestigeverlustes (vgl. IzpB 268/2013, S. 31) wurde durch Präsident Kennedy eine idealistische (und damit unweigerlich mit dem American Dream verbundene) Aufbruchsstimmung erzeugt, die sich in Reformprogrammen wie „New Frontier" und dem „Civil Rights Act" äußerte. (vgl. IzpB 268/2013, S. 32, S. 34). Der American Dream, ausgedrückt durch Kennedys idealistischen Aktionismus, führte so zu einem

4

„gesamtgesellschaftlichen liberalen Konsens und einem wiedererstarkten amerikanischen Sendungsgedanken" (vgl. IzpB 268/2013, S. 32).

Diese Politik wurde auch nach dem Kennedy-Attentat 1963 von Nachfolger Johnson aufrechterhalten, der mit seinem „War on Poverty"-Programm durch die Schaffung von sozialer Gerechtigkeit sowie einer Verbesserung des Gesundheitswesens („Great Society Project") den American Dream realisieren wollte (vgl. IzpB 268/2013, S. 34). Jedoch war die US-Gesellschaft trotz New Frontier und Civil Rights Act nach wie vor in Schwarz und Weiß gespalten. Dies führte zur von Martin Luther King angeführten friedlichen Bürgerrechtsbewegung, die sich ebenso auf den amerikanischen Traum berief (siehe „I have a dream"-Rede 1963) und seine Wurzeln im schwarzen Streben nach dem American Dream sah (vgl.http://en.wikipedia.org/wiki/American_Dream, 23.04.2015; mit einem Zitat von KING 1963). Neben der friedlichen Bürgerrechtsbewegung existierte auch die weitaus radikalere „Black Panther for Self-Defense"-Strömung, die die Werte des American Dream missachtete und einen „schwarzen Nationalismus propagierte" (IzpB 268/2013, S. 34).

In den 1960er Jahren ist also ein gespaltener American Dream festzustellen. Die schwarze Bürgerrechtsbewegung radikalisierte sich, woraus die Black Panther Party entstand, die sich bewusst von amerikanischen Wertvorstellungen und dem American Dream distanzierte.

Der Vietnam-Krieg intensivierte die gesellschaftliche Krise insofern, als dass er einen enormen Prestigeverlust für die USA bedeutete, der auch durch die Mondlandung 1969 nicht kompensiert werden konnte (vgl. IzpB 268/2013, S. 35-36). „Ereignisse wie [...] der Vietnam-Krieg riefen in Bezug auf Ideale wie Selbstbestimmung, Freiheit und Chancengleichheit Skepsis hervor und setzten damit die Bedeutung des ‚American Dream' deutlich herab" (GLATZ & HENKE 2007, S. 15). Der Vietnam-Krieg war daher für die USA nicht nur eine Niederlage, sondern ein kollektives Trauma („Vietnam-Trauma").

Zum vordergründig außenpolitischen Prestigeverlusts des Vietnamkriegs kam die Watergate-Affäre, „die eine tiefgreifende Vertrauenskrise gegenüber der politischen Führung [...] verursachte" (IzpB 268/2013, S. 36). Bezogen auf den American Dream heißt das, dass ausgerechnet der Präsident durch seine Abhöraktionen gegen den Kodex des integren Konkurrenzkampfes verstieß, woraus ein großes Misstrauen der Bevölkerung resultierte. (vgl. IzpB 268/2013, S. 37).

Dass 1980 die „Konservative Wende" eintrat, die konservative Wertvorstellungen des American Dream propagierte (vgl. IzpB 268/2013, S. 38), unterstreicht die große Bedeutung des amerikanischen Traumes, beziehungsweise dessen Sogwirkung in Zeiten politischer und auch wirtschaftlicher Turbulenzen.

3. Der Film Forrest Gump

3.1. Vorstellung der Handlung

Im Jahr 1994 entstand nach dem gleichnamigen Roman von Winston Groom der Film Forrest Gump unter der Regie von Robert Zemecki. Der Titelheld Forrest Gump (gespielt von Tom Hanks) ist ein warmherziger, geistig etwas zurück gebliebener junger Mann, der in der Rahmenhandlung seine Lebensgeschichte erzählt. Im ländlichen Alabama aufgewachsen erkennt Forrest schnell, dass er durch sein herausragendes Lauftalent viel erreichen kann. Über die Stationen eines College-Footballstar, eines Vietnam-Veteranen, Ping-Pong-Meisters und Kutterfischers schafft er es mit Fleiß und Glück zum Multimillionär. Dabei werden Filmszenen in historisches Bildmaterial so geschickt eingefügt, dass es den Anschein hat, als wäre Forrest bei den meisten Schlüsselereignissen (z.B. bei den Protesten der schwarzen Studenten, bei einer Demonstration gegen den Vietnamkrieg oder der Aufdeckung des Watergate-Skandals) der jüngeren Geschichte der USA unmittelbar dabei gewesen. Die eigentliche Handlung im engeren Sinne bildet seine unglückliche Liebesgeschichte mit Jenny. Während Forrest als Heranwachsender mit der Zeit sein Glück gemacht hat, verliert sich Jenny ins Drogenmileu. Nachdem Jenny an AIDS verstorben ist, zieht Forrest ihren gemeinsamen Sohn liebevoll auf.

Der Film erhielt insgesamt sechs Oscars (u. a. Bester Film, Bester Hauptdarsteller, Beste Regie) und wurde für weitere sieben Oscars nominiert.

3.2. Umgang mit dem American Dream

Mit dem American Dream wird im Film auf eine zum Teil humorvolle und ironisierende Weise umgegangen. Dabei lassen sich wiederkehrende Motive feststellen, die jeweils ein Teilaspekt des amerikanischen Traumes sind. Daher sollen die Motive im Folgenden beleuchtet und so der Umgang mit dem American Dream in Forrest Gump beschrieben werden. Danach werden sprach- und filmstilistische Mittel beschrieben und untersucht, auf welche Weise der American Dream vermittelt wird.

3.2.1. Motive

Als vorherrschende Motive lassen sich im Handlungsverlauf die Motive Gleichberechtigung, amerikanische Geschichte, wirtschaftlicher Erfolg sowie vor allem Glück ermitteln.

3.2.1.1. Gleichberechtigung

Das Thema Gleichheit beziehungsweise Gleichberechtigung ist ein zentrales Thema bei Forrest Gump (vgl. GLATZ & HENKE 2007, S. 95). Es gibt im Wesentlichen zwei Handlungsstränge, an denen das Thema Gleichberechtigung aufgegriffen wird. Zunächst ist hier die Gleichberechtigung von Behinderten und Nicht-Behinderten festzustellen. Forrest ist als körperlich Behinderter sowie geistig Beschränkter (zunächst wird ihm der Besuch einer öffentlichen Schule aufgrund eines IQ von 75 verwehrt) in seiner Kindheit häufig Hänseleien von Mitschülern ausgesetzt, hat schlussendlich aber doch Erfolg (vgl. ebd.). Hiermit wird mit dem Mythos des American Dream gespielt, denn eigentlich sollte gerade der Intelligenteste erfolgreich sein – bei Forrest verhält es sich jedoch anders. Dies deutet darauf hin, dass der amerikanische Traum auch ohne große geistige Fähigkeiten zu verwirklichen ist, wenn man (wie Forrest) nur die nötige Portion Glück hat.

Dennoch erfährt Forrest in seiner Militärzeit ein hohes Maß an Gleichberechtigung, weil er von Lt. Dan stets gerecht behandelt wird, und behandelt auch Lt. Dan trotz seiner Kriegsverletzung gerecht.

Forrest selbst diskriminiert niemanden, sondern behandelt alle Menschen gleich. Ein möglicher Grund hierfür ist, dass er sich der Rassen- und Behindertenproblematik gar nicht bewusst ist. (vgl. MÜLLER 2005, S. 12).

Der zweite Gleichberechtigung aufgreifende „Handlungsstrang" ist das Thema der Gleichheit zwischen Schwarz und Weiß. Mit dem Aufgreifen dieses Themas wird eindeutig Kritik an der damaligen Rassenpolitik, bzw. am Rassismus generell geäußert. Mit der Szene, in der schwarze Studenten an der Immatrikulation gehindert werden (DVD 2001, 22:55-23:15) wird eindeutig ausgedrückt, dass der amerikanische Traum wegen mangelnder Gleichberechtigung nicht eingetreten ist. Den gleichen Effekt erzeugt die Szene mit den Black Panthers (65:43-66:05), in der die Schwarzen ihren Unmut klar äußern („Wir sind gegen jeden Krieg, in dem Schwarze Soldaten an die [...] Front geschickt werden, um für ein Land zu sterben, das sie hasst" DVD 2001, 65:43), wodurch auf die Rassenproblematik der 1960er und 1970er eingegangen wird.

Da Forrest als erfolgreicher Protagonist jeden Menschen gleich behandelt (wenngleich er es aus Naivität und Unverständnis der Rassenproblematik tut), sendet der Film die Botschaft, dass „Amerika [...] den Rassismus überwinden und hinter sich lassen [müsse]" (MÜLLER 2005, S. 12). Der amerikanische Traum ist also noch nicht erfüllt. Weiterhin lässt sich die Schlussfolgerung ziehen, dass Forrest, gerade weil er jeden gleich behandelt, für den amerikanischen Traum steht. Diese Wirkung wird jedoch durch Forrests naives bis tollpatschiges Verhalten ironisch bis humoresk angereichert, wodurch der American Dream leicht ironisiert wird.

3.2.1.2. Amerikanische Geschichte

Forrest Gump fungiert in seiner Rolle als „Leiter" durch die amerikanische politische Geschichte. Vorwiegend werden im Film Schattenseiten der amerikanischen Geschichte gezeigt (z. B. Kennedy-Attentat, Vietnam-Krieg) (vgl. MÜLLER 2005, S. 14). Somit wird ein Amerika gezeigt, „das sich im Umschwung befindet und seine Unschuld verliert" (GLATZ & HENKE 2007, S. 96). Daraus lässt sich schließen, dass der Film insgesamt Geschichte eher de- als rekonstruiert. Die Dekonstruktion amerikanischer Geschichte ergibt sich auch daraus, dass der Protagonist Forrest Gump in seiner „Leiterfunktion" Geschichte nicht als solche wahrnimmt, weil er zu naiv ist („Wir waren die ersten Amerikaner, die das Land China besuchten, seit einer Million Jahre oder so", MÜLLER mit Zitat aus DVD 2001: 71:02, S. 14).

Dem Film ist es möglich, auch dunkle Kapitel amerikanischer Geschichte zu dekonstruieren, weil der Protagonist durch seine eingeschränkte Intelligenz viele Dinge nicht versteht (vgl. GLATZ & HENKE 2007, S. 80). Somit kann auch der Vietnam-Krieg auf eine komische Art dargestellt werden („And we were always lookin' for this guy named Charlie. I can't get no relief", DVD 2001, 42:53-43:04).

Weiterhin wird auch die ironisierende Darstellung amerikanischer Geschichte durch die Szenen, in denen Forrest den Präsidenten trifft, unterstützt. (DVD 2001, 28:23-29:13 (Kennedy), 60:22-60:48 (Johnson), 80:43-81:02 (Nixon)).

Hierbei wird dargestellt, dass Forrest amerikanische Politik bzw. Geschichte nicht verstehen kann - daher kann beim Charakter Forrest Gump kein Geschichtsbewusstsein identifiziert werden.

Doch gerade der Sachverhalt, dass der Protagonist offensichtlich geschichtsträchtige Momente (z. B. Kennedy-Ermordung, schwarze Studentenbewegung) zwar begleitet (und hierzu in Original-Archivaufnahmen eingefügt wird), aber nicht versteht, macht den Film zu einer Ironie auf die amerikanische Geschichte und den damit verbundenen amerikanischen Traum. („Forrest Gump - the film, not the character – is historically conscious to an extreme degree: ironic and playful [...]" SOBCHACK 1997., S. 18). Zusammengefasst ist "the film's visible evidence that 'History' is merely the concatenated and reified effect of incoherent motives and chance convergences" (SOBCHAK 1997., S. 16). Dadurch wird eine umfassende Darstellung amerikanischern Geschichte ohne jegliche Glorifizierung möglich.

3.1.2.3. Wirtschaftlicher Erfolg des Protagonisten

Wirtschaftlicher Erfolg ist ein Hauptbestandteil des Filmes und des amerikanischen Traumes. Forrest Gumps wirtschaftlicher Erfolg ist enorm. Mit dem Shrimp-Unternehmen und den Apple-Aktien (DVD 2001, 92:22; 93:09; 97:57-98:03) avanciert er zum Multi-Millionär. Somit wird der American Dream für den Protagonisten in finanzieller Hinsicht wahr (vgl. GLATZ & HENKE 2007, S. 93). Dennoch ist der Film eine „typische Parodie" (GLATZ & HENKE 2007, S. 91) auf den American Dream, da Forrest zu naiv ist, um wirtschaftlichen Erfolg planen zu können (vgl. GLATZ & HENKE 2007, S. 92). Somit wird ein Kernpunkt des American Dream (nämlich durch Ideen und Kreativität geebneter wirtschaftlicher Erfolg) „ausgehebelt". Weiterhin ist dem Protagonisten Profit auch nicht wichtig, denn „für ihn spielt Geld eigentlich keine große Rolle" (GLATZ & HENKE 2007, S. 94)

Ins Shrimp-Geschäft steigt Forrest letztlich auch nur ein, um das Versprechen an Bubba einzulösen (vgl. GLATZ & HENKE 2007, S. 92), nicht etwa um aufzusteigen und ein Vermögen aufzubauen (wie es der American Dream „vorschreibt").

Dass der Aspekt des wirtschaftlichen Erfolges der geistig limitierten Hauptfigur eine Parodie auf den American Dream ist, wird aus zwei Sachverhalten deutlich: Zunächst dadurch, dass Forrest überhaupt eine kognitiv schwache Person ist; zum anderen dadurch, dass er deshalb keine Absicht hat, den amerikanischen Traum zu erreichen und ihn nur aufgrund von glücklichen Fügungen umsetzen kann (vgl. GLATZ & HENKE 2007, S. 93).

3.2.1.4. Glück

Wie in 3.1.2.3. erwähnt, kann Forrest Gump den American Dream hauptsächlich aufgrund glücklicher Fügungen und nicht auf der Basis herausragender Fähigkeiten umsetzen. Hiermit wird die Rolle des Glücks im amerikanischen Traum pervertiert. In dem modellhaften American Dream hat jeder einen *pursuit of happiness* (vgl.

9

Unabhängigkeitserklärung der USA 1776), dem er durch wenig *luck (engl. für das „zufallsbedingte Glück")* und viel harte Arbeit gerecht wird.

Bei Forrest Gump ist es umgekehrt: Sein amerikanischer Traum wird durch viel *luck* und wenig harte Arbeit erreicht.

So verdankt er einem Hurrikan, der alle anderen Shrimpkutter zerstört, seinen Erfolg, den er sich eben nicht beispielsweise durch eine optimierte Fangtechnik erarbeitet hat. Hierdurch entsteht der Eindruck einer Ironisierung des American Dream – „es ist auch möglich, reich zu werden, ohne etwas zu können." Dies ist gerade das Gegenteil des amerikanischen Traumes, der besagt, dass es möglich ist, reich zu werden, weil man etwas kann.

3.2.2. Sprache und Stilmittel

Durch Sprache und Stilmittel wird der Eindruck des „einfältigen Millionärs" verstärkt, weshalb auch durch sprachliche und filmstilistische Mittel der American Dream eine ironische Note erhält.

Zum Beispiel wird Forrests geistige Beschränktheit durch seinen in der englischen Fassung gezeigten Südstaatenslang (der in den USA eher mit Dummheit verbunden ist) ausgedrückt. Ebenso sind sprachliche Fehler („Bubba was my best good friend / Bubba war mein bester guter Freund, DVD 2001, 49:06) vorzufinden (vgl. GLATZ & HENKE 2007, S. 77). Außerdem bringt Forrest kaum eigene Denkleistungen zu Stande, weil er häufig seine Mutter zitiert.

So wird folglich Forrest durch den beschriebenen Einsatz der Sprache als einfältiger, leicht naiver Charakter dargestellt.

Das zweite in hohem Maße eingesetzte filmische Mittel ist das nach dem Film selbst benannte „Gumping", bei dem eine Figur in historisches Archivmaterial eingefügt wird und so an historischen Momenten teilnimmt (vgl. MÜLLER 2005, S. 10). Hierdurch wird die Darstellung von Forrests Geschichtsbeeinflussung möglich, die neben der Liebe zu Jenny den „roten Faden" der Handlung markiert, die sonst keine klare Struktur verfolgt (vgl. GLATZ & HENKE 2007, S. 77).

Durch diese beiden filmischen Mittel wird Forrest als geistig minderbemittelt sowie als Teil der amerikanischen Geschichte dargestellt.

4. Zusammenfassung und Beantwortung der Leitfrage

Zusammenfassend ist feststellbar, dass der Film eine Parodie auf den American Dream ist, indem er durch die Verwendung eines geistig schwachen Hauptcharakters die klassische Vorstellung des amerikanischen Traumes (z. B. wirtschaftlicher Erfolg und sozialer Aufstieg aufgrund einer guten Geschäftsidee) ironisiert und die Rolle des Glücks umkehrt.

Trotzdem ist es richtig zu sagen, dass die Figur Forrest Gump den amerikanischen Traum lebt. Er ist von einem geh- und geistig behinderten Kind (IQ: 75) zu einem Vater und Multimillionär aufgestiegen. Der Unterschied zum klassischen American Dream besteht darin, dass Forrest sich seines sozialen Aufstiegs weder bewusst ist noch dass er ihn beabsichtigt. Er profitiert lediglich aus glücklichen Fügungen und der Tatsache, dass er häufig das tut, was andere ihm sagen (z. B. seine Mutter oder Bubba).

5. Quellenverzeichnis

5.1. Primärquellen

ZEMECKIS, R. (Regisseur), FINERMAN, W., STARKEY, S., TISCH, S., Paramount Pictures (jw. Produktion), Forrest Gump (1994).

5.2. Sekundärquellen

5.2.1. Literatur

Bundeszentrale für politische Bildung (Hrsg.), HESSE, C. (Redaktion), Informationen zur politischen Bildung 268/2013 (IzpB 268/2013), USA – Geschichte, Wirtschaft, Gesellschaft, S. 31-37.

GLATZ, J. & HENKE, B. (2007): Der „American Dream" in US-Literatur und -Film der Gegenwart, Paul Auster, John Irving und der Film Forrest Gump, Marburg: Tectum Verlag

HANSON, S. & WHITE J. (2011): The Making and Persistence of the American Dream, in: HANSON, S. & WHITE J. (eds.), The American Dream in the 21st Century, Philadelphia: Temple University Press, S. 1-16

KIMMAGE, M. (2011): The Politics of the American Dream, in: HANSON, S. & WHITE J. (eds.), The American Dream in the 21st Century, Philadelphia: Temple University Press, S. 27-39

MÜLLER, M. (2005): Der Film 'Forrest Gump' und seine Werte, Hausarbeit, Augsburg: Universitätsverlag

SOBCHACK, V. (1996): „Shit Happens": Forrest Gump and historical consciousness, in: Ilha do Desterro 32/1997, S. 15-26.

WERNER, M. (2011): Die Dekonstruktion amerikanischer Mythen im Romanwerk E. L. Doctorows, Dissertation zur Erlangung des akademischen Grades Doctor philosophiae (Dr. phil.), Jena: Universitätsverlag

5.2.2. Internet

https://today.yougov.com/news/2013/08/07/american-dream-slipping-away-hard-work-still-count/, Hemderson, B., American dream slipping away, but hope intact, 07.08.2013, entnommen am 01.05.2015

http://en.wikipedia.org/wiki/American_Dream, mehrere Autoren, American Dream, entnommen am 23.04.2015 http://en.wikipedia.org/wiki/Forrest_Gump, mehrere Autoren, Forrest Gump, entnommen am 16.04.2015

5.2.3. Bilder

Deckblatt oben rechts: http://www.vogtconsult.ch/wp-content/uploads/2014/02/Flagge-US.jpg, entnommen am 16.04.2015

Deckblatt zentral: http://www.filmfutter.com/wp-content/uploads/2014/06/ForrestGumpRerelease.jpg, entnommen am 16.04.2015

Deckblatt unten links:

http://d12vb6dvkz909q.cloudfront.net/uploads/galleries/24619/forrest-gump-image-3.jpg, entnommen am 16.04.2015

Deckblatt unten mitte:

http://www.moviepilot.de/files/images/0554/4798/Forrest_Gump_9.jpg, entnommen am 16.04.2015